škola - школа	2
cesta - путовање	5
doprava - транспорт	8
mesto - град	10
terén - пејсаж	14
reštaurácia - ресторан	17
supermarket - супермаркет	20
nápoje - напитци	22
jedlo - јело	23
farma - сеоско газдинство	27
dom - кућа	31
obývačka - дневна соба	33
kuchyňa - кухиња	35
kúpeľňa - купаоница	38
detská izba - дечија соба	42
šatstvo - одећа	44
kancelária - канцеларија	49
hospodárstvo - економија	51
povolania - занимања	53
náradie - алати	56
hudobné nástroje - музички инструмент	57
ZOO - зоолошки врт	59
šport - спорт	62
aktivity - активности	63
rodina - породица	67
telo - тело	68
nemocnica - болница	72
urgentný prípad - хитни случај	76
Zem - земља	77
hodiny - сат	79
týždeň - седмица	80
rok - година	81
tvary - облици	83
farby - боје	84
protiklady - супротности	85
čísla - бројеви	88
jazyky - језици	90
kto/čo/ako - ко / шта / како	91
kde - где	92

Impressum
Verlag: BABADADA GmbH, Nedderfeld 112 , 22529 Hamburg
Geschäftsführer / Verlagsleitung: Harald Hof
Druck: Books on Demand GmbH, In de Tarpen 42, 22848 Norderstedt

Imprint
Publisher: BABADADA GmbH, Nedderfeld 112 , 22529 Hamburg, Germany
Managing Director / Publishing direction: Harald Hof
Print: Books on Demand GmbH, In de Tarpen 42, 22848 Norderstedt, Germany

škola

школа

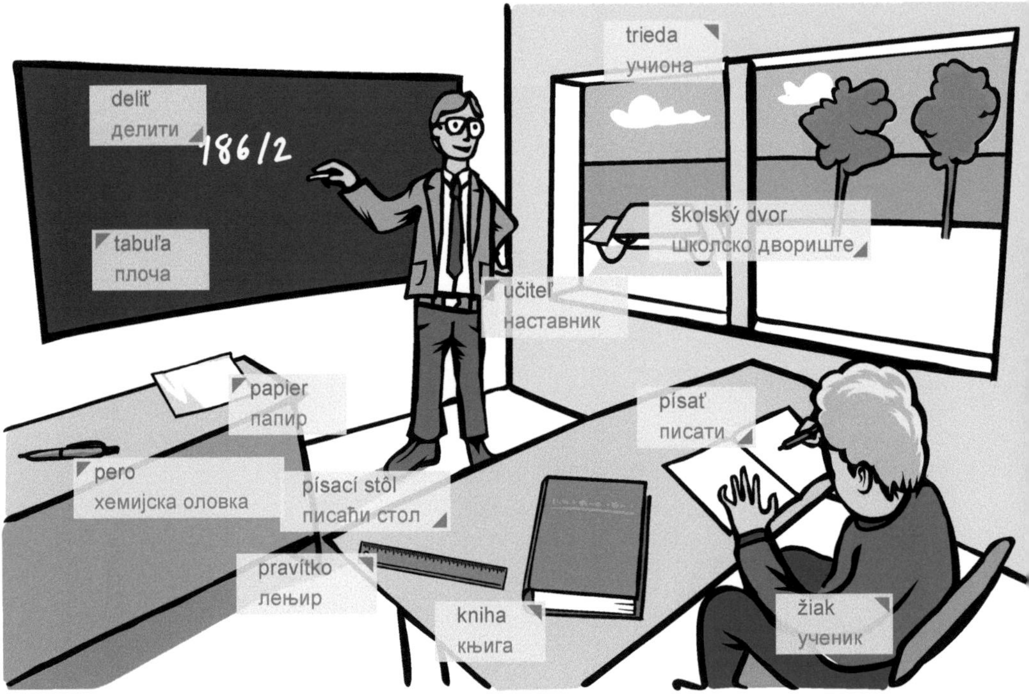
trieda
учиона
deliť
делити
186/2
školský dvor
школско двориште
tabuľa
плоча
učiteľ
наставник
papier
папир
písať
писати
pero
хемијска оловка
písací stôl
писаћи стол
pravítko
лењир
kniha
књига
žiak
ученик

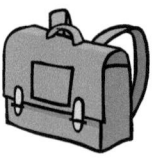

školská taška

торба

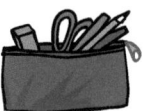

peračník

перница

ceruza

графитна оловка

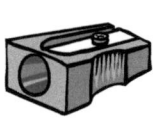

strúhadlo na ceruzky

шиљило за оловке

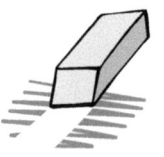

guma

гумица за брисање

skicár

блок за цртање

kresba

цртеж

štetec

кист

vodové farby

кутија са бојама

nožnice

маказе

lepidlo

лепило

cvičný zošit

бележница

domáca úloha

домаћи задатак

číslo

број

sčítať

сабирати

odčítať

одузимати

násobiť

множити

počítať

рачунати

písmeno

слово

abeceda

абецеда

slovo

реч

text

текст

čítať

читати

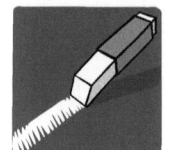

krieda

креда

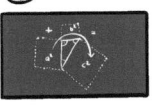

hodina

час

triedna kniha

дневник

skúška

испит

certifikát

сведочанство

školská uniforma

школска униформа

vzdelanie

образовање

encyklopédia

лексикон

univerzita

универзитет

mikroskop

микроскоп

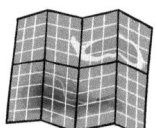

mapa

карта

kôš na papier

кошара за папир

cesta
путовање

hotel
хотел
Grand
nocľaháreň
преноћиште
ROOMS
EXCHANGE
zmenáreň
мењачница
kufor
кофер
auto
ауто

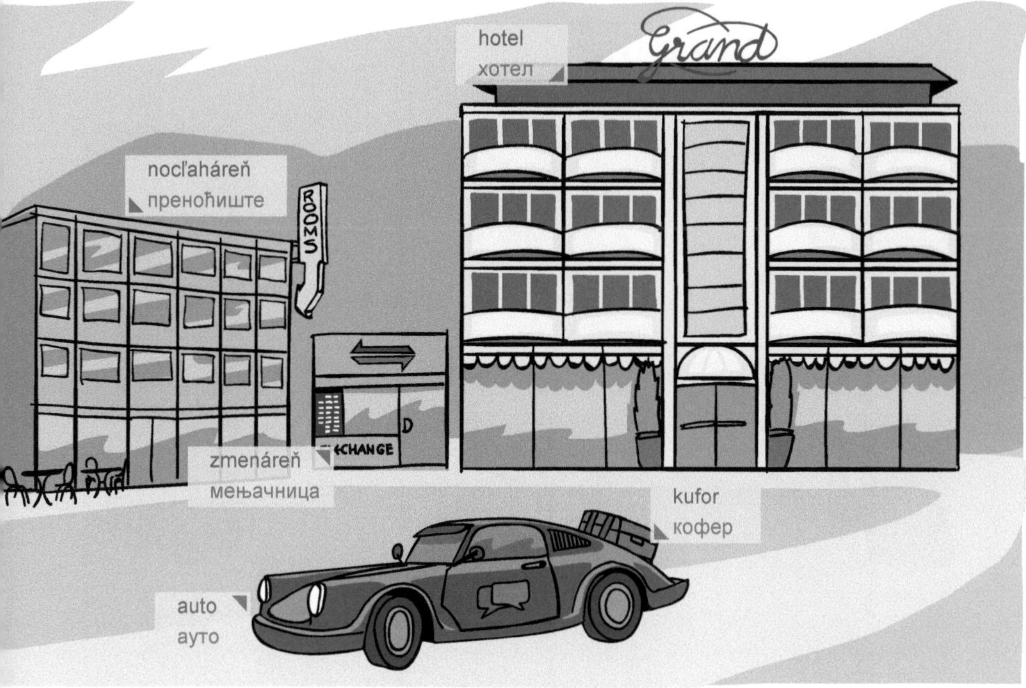

jazyk

језик

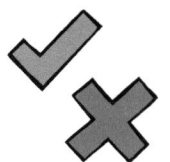

áno/nie

да / не

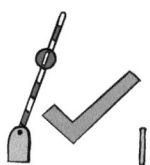

v poriadku

океј

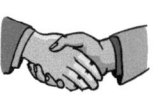

ahoj

здраво

prekladateľ

преводилац

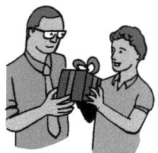

ďakujem

хвала

Koľko stojí ... ?

Колико кошта...?

Nerozumiem

не разумем

problém

проблем

Dobrý večer!

добро вече!

Dobré ráno!

Добро јутро!

Dobrú noc!

Лаку ноћ!

Dovidenia

довиђења

smer

смер

batožina

пртљага

taška

торба

batoh

руксак

hosť

гост

izba

соба

spacák

врећа за спавање

stan

шатор

informácie pre turistov

туристичке информације

pláž

плажа

kreditná karta

кредитна картица

raňajky

доручак

obed

ручак

večera

вечера

cestovný lístok

карта за вожњу

výťah

лифт

poštová známka

поштанска маркица

hranica

граница

clo

царина

veľvyslanectvo

амбасада

vízum

виза

cestovný pas

пасош

doprava
транспорт

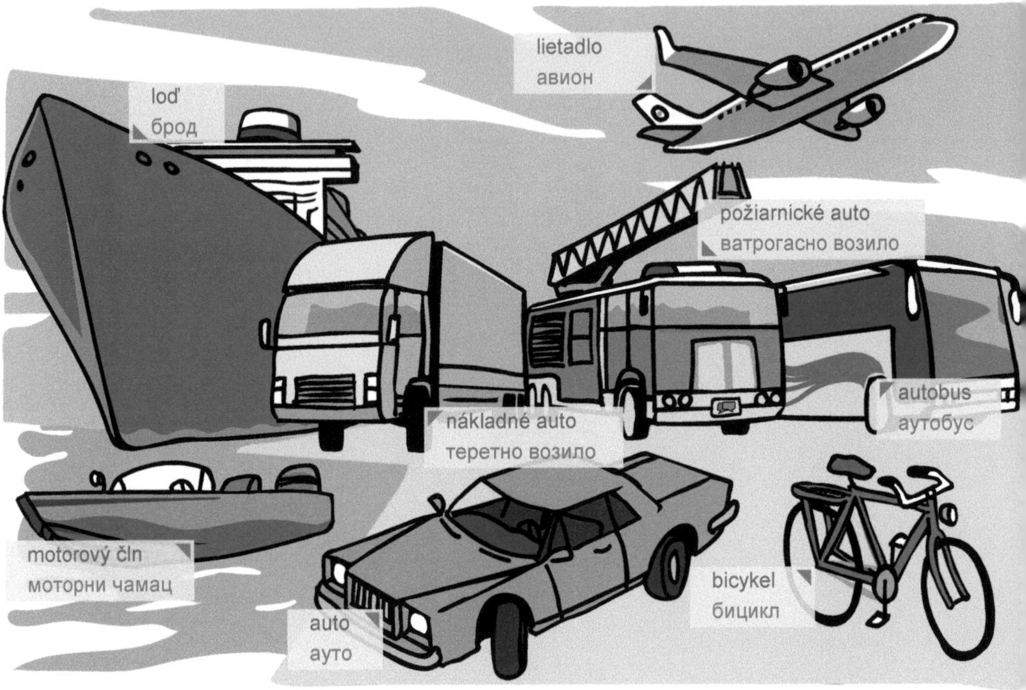

lietadlo
авион
loď
брод
požiarnické auto
ватрогасно возило
nákladné auto
теретно возило
autobus
аутобус
motorový čln
моторни чамац
bicykel
бицикл
auto
ауто

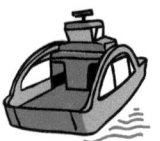

trajekt

трајект

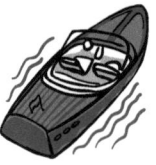

loď

чамац

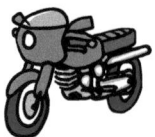

motorka

мотоцикл

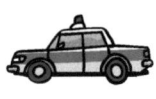

policajné auto

полицијски ауто

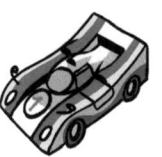

pretekárske auto

тркаћи ауто

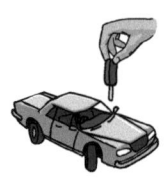

vozidlo z požičovne

изнајмљено ауто

carsharing

дељење аутомобила

odťahové auto

вучно возило

smetiarske auto

возило за одвоз смећа

motor

мотор

benzín

бензин

čerpacia stanica

бензинска станица

dopravná značka

саобраћајни знак

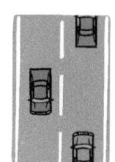

premávka

саобраћај

zápcha

застој

parkovisko

паркиралиште

vlaková stanica

железничка станица

trate

шине

vlak

воз

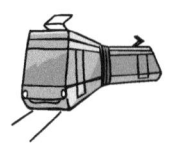

električka

трамвај

vagón

вагон

helikoptéra

хеликоптер

letisko

аеродром

veža

кула

pasažier

путник

kontajner

контејнер

kartón

картон

vozík

колица

kôš

корпа

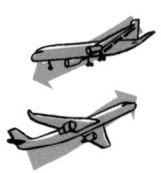

štartovať / pristáť

узлетети / слетети

mesto

град

dedina

село

centrum mesta

центар града

dom

кућа

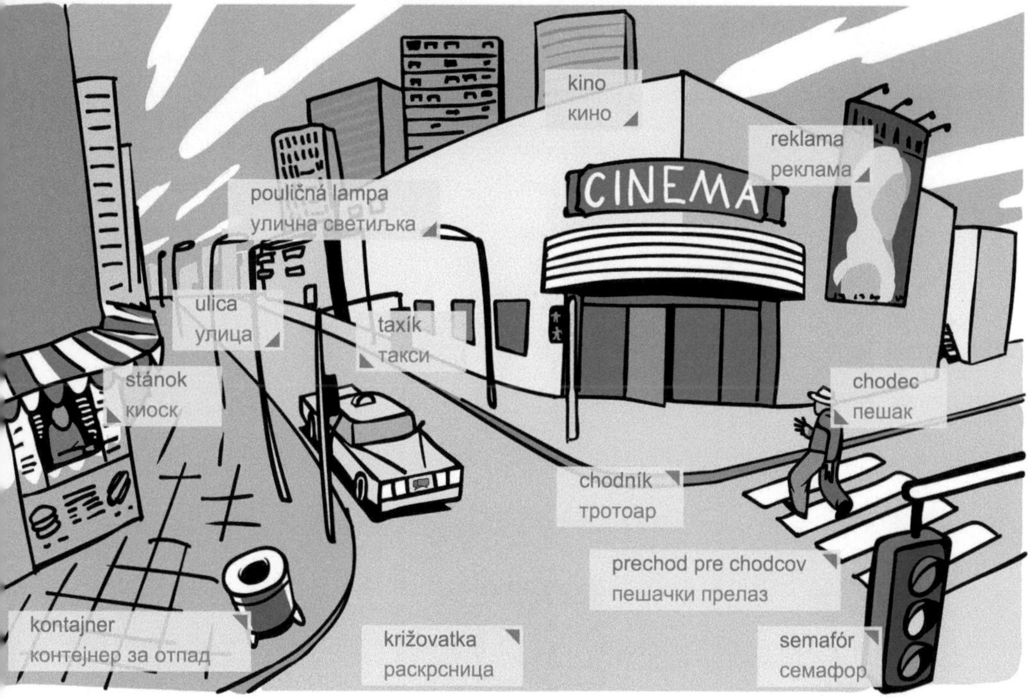

kino
кино

reklama
реклама

poulična lampa
улична светиљка

ulica
улица

taxík
такси

stánok
киоск

chodec
пешак

chodník
тротоар

prechod pre chodcov
пешачки прелаз

kontajner
контејнер за отпад

križovatka
раскрсница

semafór
семафор

CINEMA

chata

колиба

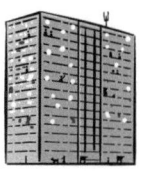

byt

стан

vlaková stanica

железничка станица

radnica

већница

múzeum

музеј

škola

школа

univerzita

универзитет

banka

банка

nemocnica

болница

hotel

хотел

lekáreň

апотека

kancelária

канцеларија

kníhkupectvo

књижара

obchod

продавница

kvetinárstvo

цвећара

supermarket

супермаркет

trh

трг

obchodný dom

робна кућа

obchodník s rybami

рибарница

nákupné stredisko

трговачки центар

prístav

лука

park

парк

lavička

клупа

most

мост

schody

степенице

metro

подземна железница

tunel

тунел

autobusová zastávka

аутобуска станица

bar

бар

reštaurácia

ресторан

poštová schránka

поштанско сандуче

tabuľa s názvom ulice

улични знак

parkovacie hodiny

паркирни аутомат

ZOO

зоолошки врт

plaváreň

базен

mešita

џамија

farma

сеоско газдинство

znečisťovanie životného prostredia

загађење околине

cintorín

гробље

kostol

црква

ihrisko

игралиште

chrám

храм

terén

пејсаж

list
лист

smerová tabuľa
путоказ

cesta
пут

lúka
ливада

kameň
камен

turista
шетач

strom
дрво

rieka
река

tráva
трава

kvet
цвет

dolina
долина

kopec
планина

jazero
језеро

les
шума

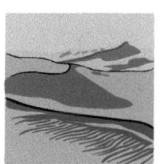

púšť
пустиња

vulkán
вулкан

zámok
дворац

dúha
дуга

hríb
гљива

palma
палма

komár
москито

mucha
мува

mravec
мрав

včela
пчела

pavúk
паук

chrobák

буба

žaba

жаба

veverička

веверица

jež

јеж

zajac

зец

sova

сова

vták

птица

labuť

лабуд

diviak

дивља свиња

jeleň

јелен

los

лос

hrádza

насип

veterná turbína

ветрењача

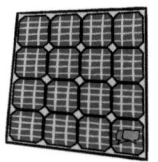

solárny panel

соларна плоча

podnebie

клима

reštaurácia

ресторан

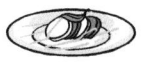

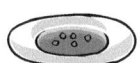

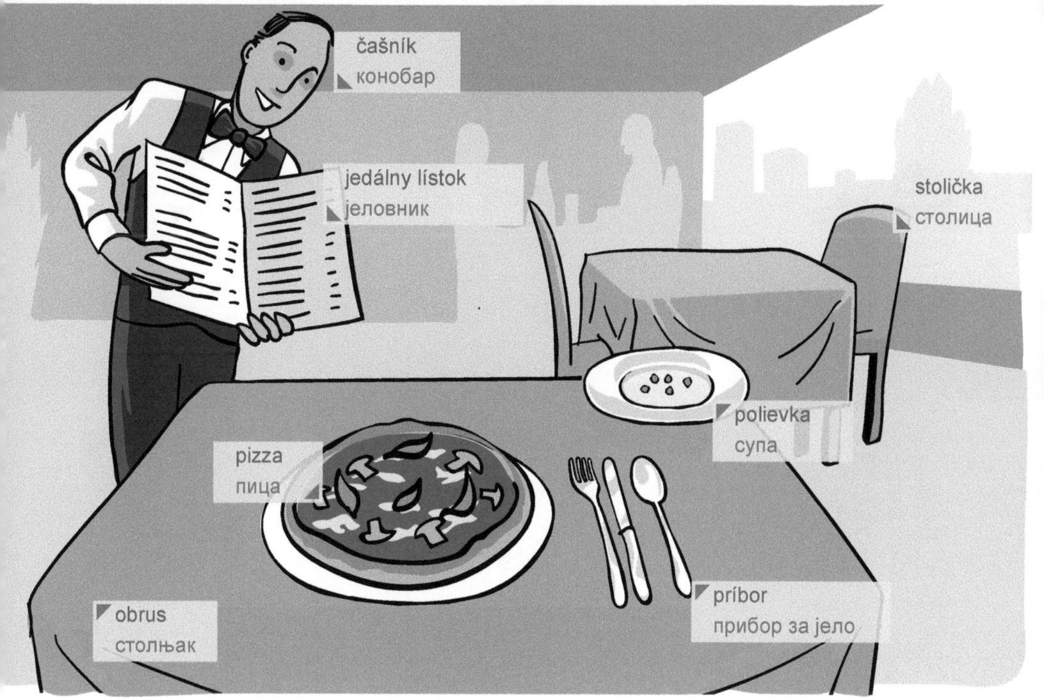
čašník
конобар
jedálny lístok
јеловник
stolička
столица
polievka
супа
pizza
пица
obrus
столњак
príbor
прибор за јело

predjedlo

предјело

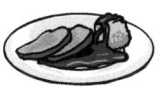

hlavné jedlo

главно јело

zákusok

десерт

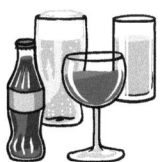

nápoje

напитци

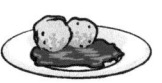

jedlo

јело

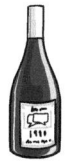

fľaša

флаша

fast-food

брза храна

street food

имбис храна

kanvica na čaj

чајник

cukornička

доза за шећер

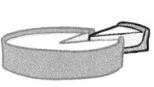

porcia

порција

stroj na espresso

апарат за еспресо

detská stolička

висока столица

účet

рачун

podnos

послужавник

nôž

нож

vidlička

виљушка

lyžica

кашика

čajová lyžička

чајна кашика

obrúsok

салвета

pohár

чаша

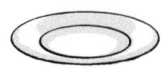

tanier

тањир

hlboký tanier

тањир за супу

podšálka

тањирић

omáčka

сос

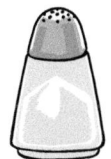

soľnička

сољенка

mlynček na korenie

млин за бибер

ocot

сирће

olej

уље

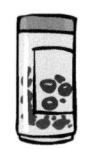 

korenie

зачини

kečup

кечап

horčica

сенф

majonéza

мајонеза

supermarket
супермаркет

špeciálna ponuka
понуда
FOR
klient
купац
mliečne výrobky
млечни производи
ovocie
воће
nákupný vozík
колица за куповину

BUTCHERS

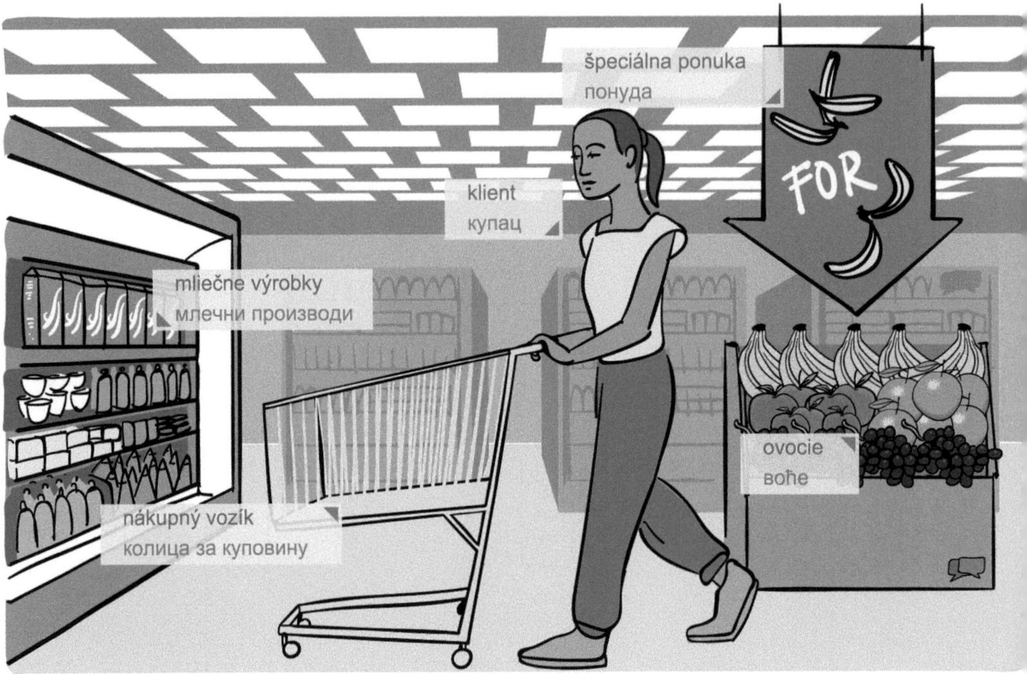

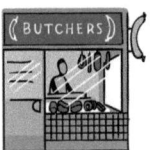

mäsiarstvo

месница

BAKERY

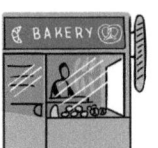

pekáreň

пекара

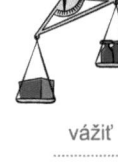

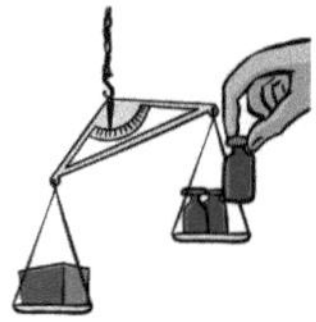

vážiť

вагати

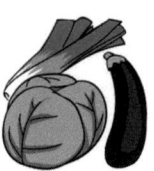

zelenina

поврће

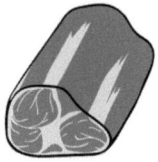

mäso

месо

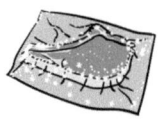

mrazené potraviny

смрзнута храна

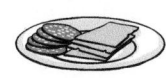

nárez
nарезак

konzervy
конзерве

prací prostriedok
средство за прање

sladkosti
слаткиши

domáce potreby
артикли за домаћинство

čistiace prostriedky
средства за чишћење

predavačka
продавачица

pokladňa
благајна

pokladník
благајник

nákupný zoznam
листа за куповину

otváracie hodiny
време рада

peňaženka
новчаник

kreditná karta
кредитна картица

taška
торба

plastové vrecko
пластична кеса

voda

вода

džús

сок

mlieko

млеко

kola

кола

víno

вино

pivo

пиво

alkohol

алкохол

kakao

какао

čaj

чај

káva

кава

espresso

еспресо

kapučíno

капућино

banán

банана

jablko

јабука

pomaranč

наранџа

melón

лубеница

citrón

лимун

mrkva

шаргарепа

cesnak

бели лук

bambus

бамбус

cibuľa

лук

hríb

гљива

orechy

орашасти плодови

rezance

резанци

špagety

шпагете

ryža

рижа

šalát

салата

hranolky

помфрит

pečené zemiaky

печени крумпир

pizza

пица

hamburger

хамбургер

obložený chlebík

сендвич

rezeň

шницла

šunka

шунка

saláma

салама

klobása

кобасица

kurča

кокош

pečené mäso

печење

ryba

риба

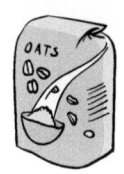

ovsené vločky

зобене пахуљице

müsli

мусли

kukuričné lupienky

кукурузне пахуљице

múka

брашно

croissant

кроасан

pečivo

пециво

chlieb

хлеб

hrianka

тоаст

sušienky

кекси

maslo

маслац

tvaroh

свежи сир

koláč

колач

vajce

jaje

volské oko

jaje на око

syr

сир

zmrzlina
сладолед

cukor
шећер

med
мед

lekvár
мармелада

nugátová nátierka
нугат крема

karí korenie
кари

sedliacky dom
сеоска кућа

stodola
амбар

stoch slamy
бале сена

pole
поље

kôň
коњ

príves
приколица

žriebä
ждребе

traktor
трактор

somár
магарац

jahňa
лане

ovca
овца

koza
коза

krava
крава

teľa
теле

prasa
свиња

prasiatko
прасе

býk
бик

hus

гуска

kačica

патка

kuriatko

пилићи

sliepka

кокош

kohút

петао

potkan

пацов

mačka

мачка

myš

миш

vôl

вол

pes

пас

psia búda

кућица за пса

záhradná hadica

вртно црево

krhla

канта за поливање

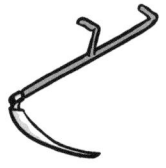

kosa

коса

pluh

плуг

kosák

....

срп

motyka

....

мотика

vidly na hnoj

....

виљушка за ђубриво

sekera

....

секира

fúrik

....

тачке

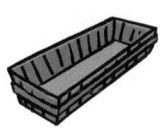

koryto

....

корито

kanva na mlieko

....

посуда за млеко

vrece

....

врећа

plot

....

ограда

maštaľ

....

штала

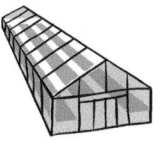

skleník

....

стакленик

pôda

....

земља

osivo

....

семе

hnojivo

....

ђубриво

kombajn

....

комбајн

žať
жети

žatva
жетва

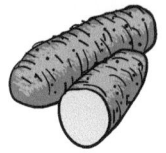

batát
јамс зачин

pšenica
пшеница

sója
соја

zemiak
крумпир

kukurica
кукуруз

repka
уљана репица

ovocný strom
воћка

maniok
гомољ манионе

obilie
житарице

dom

кућа

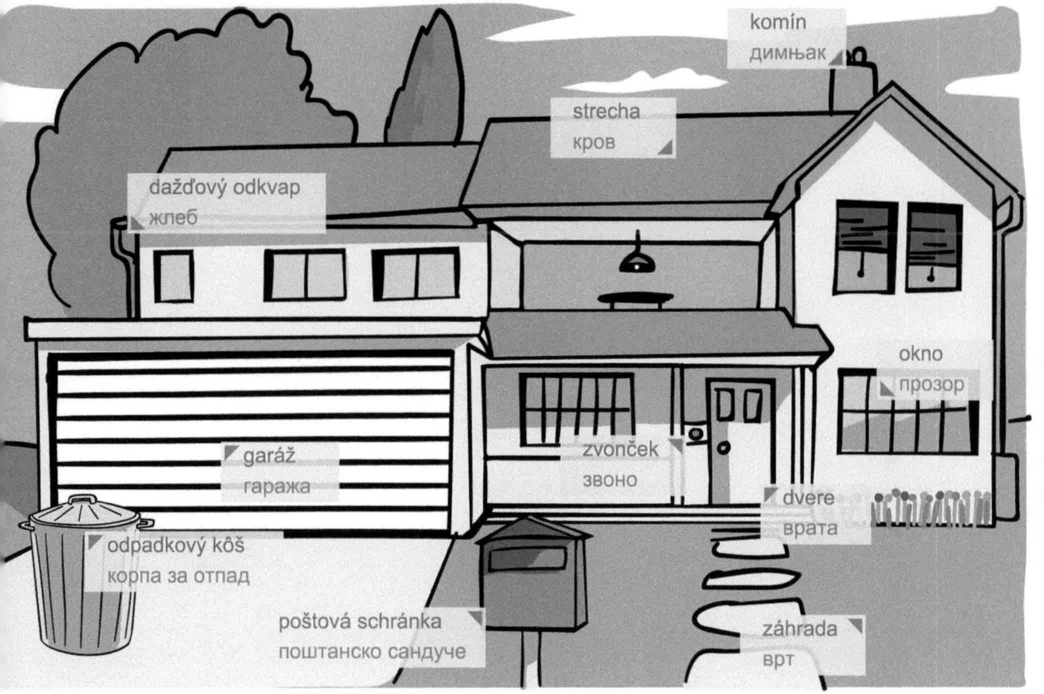

komín
димњак
strecha
кров
dažďový odkvap
жлеб
okno
прозор
garáž
гаража
zvonček
звоно
dvere
врата
odpadkový kôš
корпа за отпад
poštová schránka
поштанско сандуче
záhrada
врт

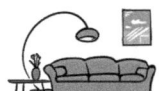

obývačka

дневна соба

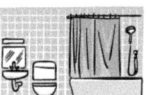

kúpeľňa

купаоница

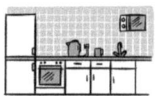

kuchyňa

кухиња

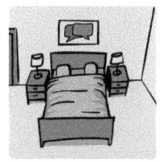

spálňa

спаваћа соба

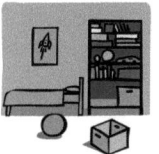

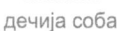

detská izba

дечија соба

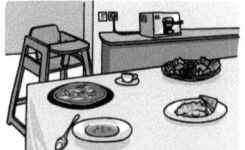

jedáleň

трпезарија

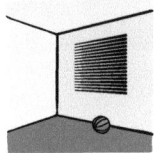

podlaha

под

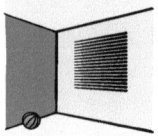

stena

зид

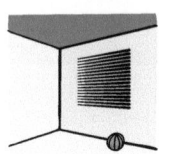

strop

строп

pivnica

подрум

sauna

сауна

balkón

балкон

terasa

тераса

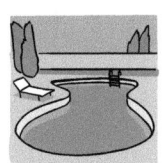

bazén

базен

kosačka

косилица за траву

obliečka

постељина за кревет

posteľná prikrývka

дека за кревет

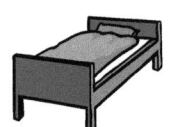

posteľ

кревет

metla

метла

vedro

канта

vypínač

прекидач

obývačka
дневна соба

tapeta
тапета
obraz
слика
lampa
светиљка
regál
регал
skriňa
ормар
televízor
телевизија
kozub
камин
kvet
цвет
vankúš
јастук
pohovka
кауч
váza
ваза
diaľkové ovládanie
даљински управљач

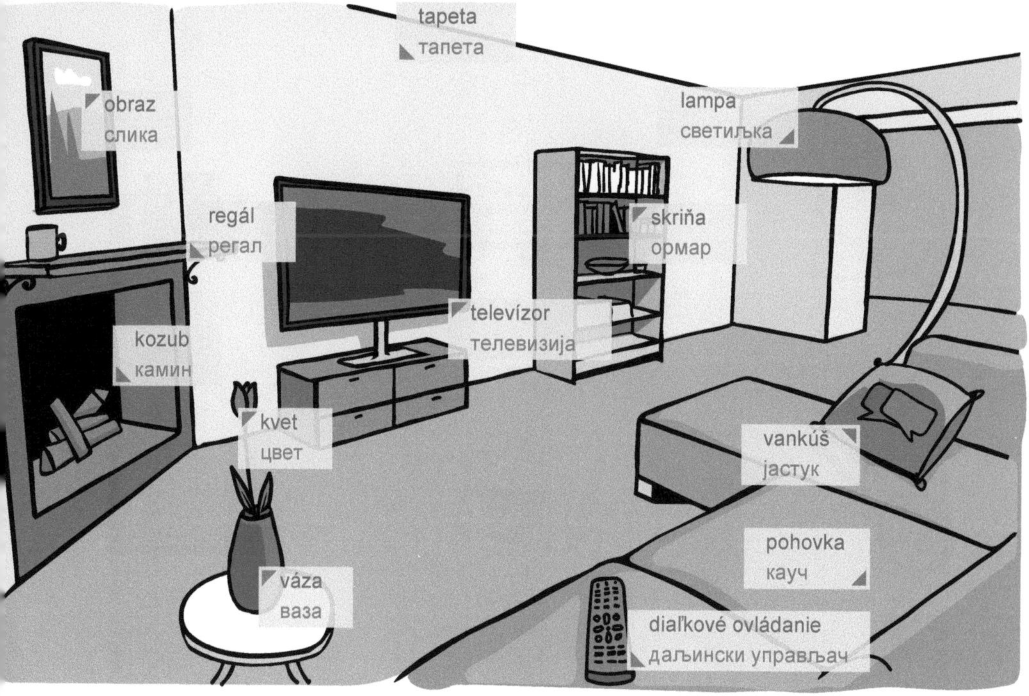

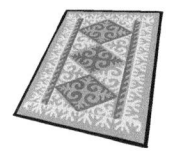

koberec

тепих

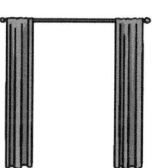

záclona

завеса

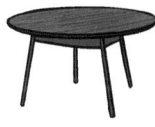

stôl

сто

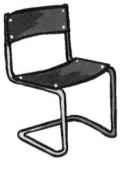

stolička

столица

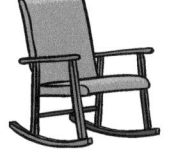

hojdacie kreslo

столица за њихање

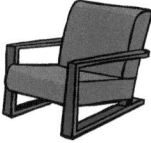

kreslo

фотеља

kniha

књига

prikrývka

дека

dekorácia

декорација

drevo na kúrenie

дрво за огрев

film

филм

hi-fi veža

хи-фи уређај

kľúč

кључ

noviny

новине

maľba

слика на платну

plagát

постер

rádio

радио

zápisník

блок за писање

vysávač

усисивач

kaktus

кактус

sviečka

свећа

kuchyňa
кухиња

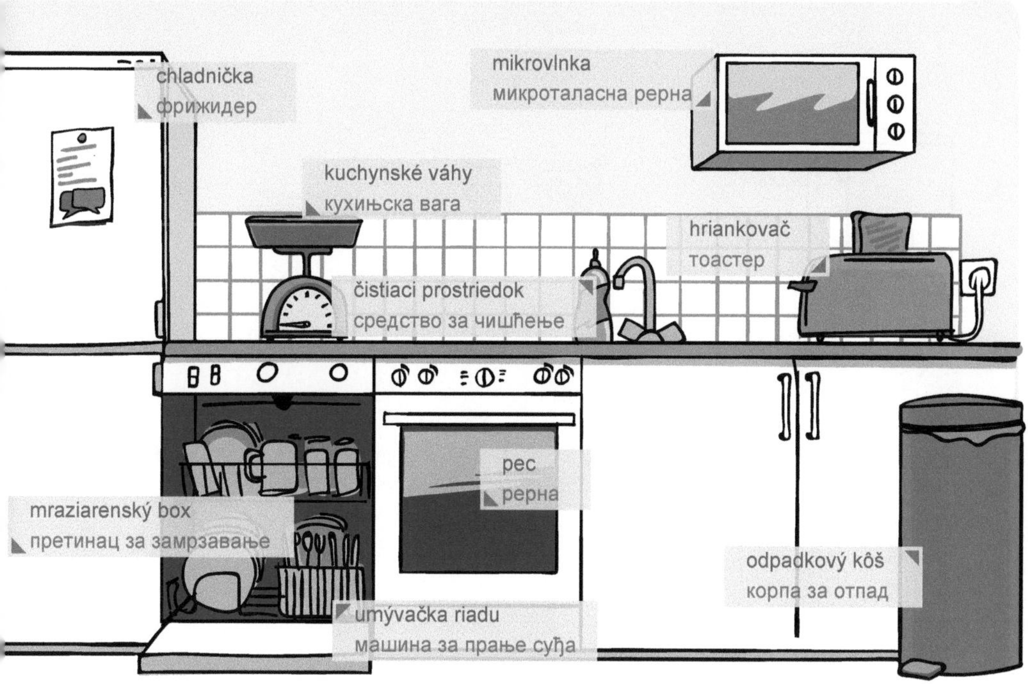

chladnička
фрижидер
mikrovlnka
микроталасна рерна
kuchynské váhy
кухињска вага
hriankovač
тоастер
čistiaci prostriedok
средство за чишћење
pec
рерна
mraziarenský box
претинац за замрзавање
odpadkový kôš
корпа за отпад
umývačka riadu
машина за прање суђа

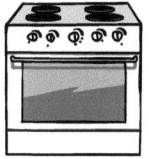

sporák

шпорет

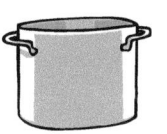

hrniec

лонац

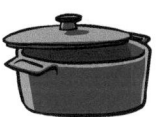

železný hrniec

гвоздени лонац

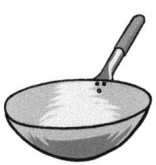

wok / kadai

вок / кадаи

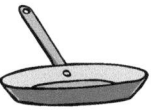

panvica

тава

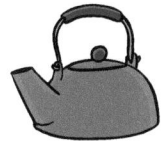

rýchlovarná kanvica

кувало за воду

parný hrniec

кувало на пару

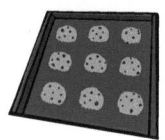

plech na pečenie

лим за печење

riad

посуђе

pohár

чаша

misa

посуда

paličky

штапићи за јело

naberačka na polievku

кутлача

stierka

лопатица

metlička

пењача

cedidlo

сито за кување

sitko

сито

strúhadlo

рибеж

mažiar

мужар

gril

роштиљ

ohnisko

огњиште

doska na krájanie

даска

valček na cesto

оклагија

vývrtka

вадичеп

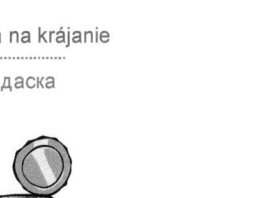

konzerva

конзерва

otvárač na konzervy

отварач конзерви

chňapka

крпа за лонац

výlevka

судопер

kefa

четка

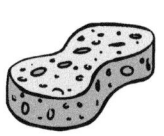

hubka

сунђер

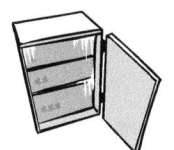

mixér

миксер

mraznička

замрзивач

kojenecká fľaša

флашица за бебе

vodovodný kohútik

славина за воду

kúpeľňa
купаоница

sprcha
туш
kúrenie
грејање
uterák
пешкир
sprchový záves
завеса за туш
pena do kúpeľa
пенушава купка
vaňa
када
pohár
чаша
práčka
машина за прање веша
vodovodný kohútik
славина за воду
dlaždice
плочице
nočník
тута
výlevka
судопер

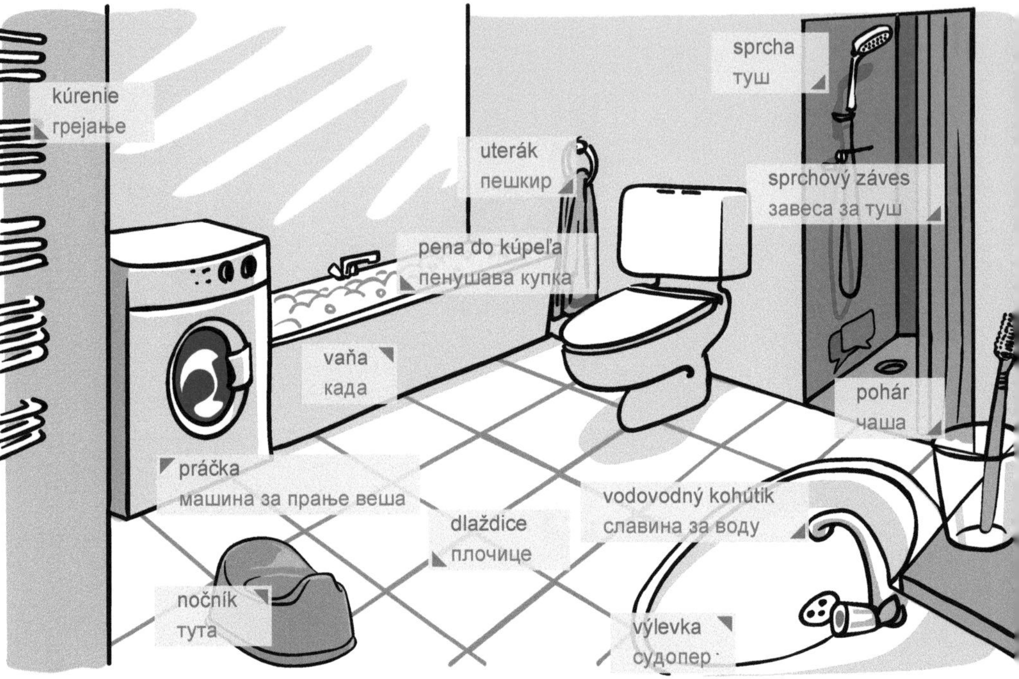

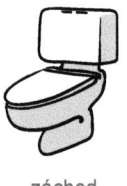

záchod
тоалет

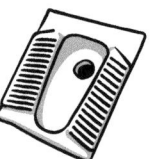

suchý záchod
чучавац

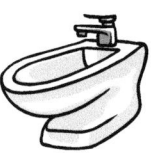

bidet
бидет

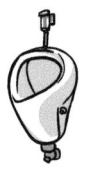

pisoár
писоар

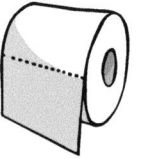

toaletný papier
тоалетни папир

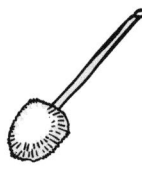

záchodová kefa
четка за тоалет

zubná kefka

четкица за зубе

zubná pasta

паста за зубе

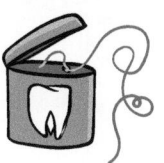

dentálna niť

конац за зубе

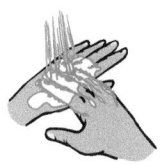

umývať

прати

ručná sprcha

туш ручица

sprcha pre intímnu hygienu

туш за прање интимних делова

umývadlo

лавор

kefa na chrbát

четка за прање леђа

mydlo

сапун

sprchový gél

гел за туширање

šampón

шампон

frotírová rukavica

крпа за прање

odtok

одвод

krém

крема

dezodorant

дезодоранс

kúpeľňa - купаоница

zrkadlo

огледало

kozmetické zrkadlo

козметичко огледало

žiletka

бријач

pena na holenie

пена за бријање

voda po holení

лосион за после бријања

hrebeň

чешаљ

kefa

четка

sušič vlasov

фен за косу

sprej na vlasy

спреј за косу

make-up

шминка

rúž

руж за усне

lak na nechty

лак за нокте

vata

вата

nožnice na nechty

маказе за нокте

parfum

парфем

kozmetická taška

kozметичка торбица

stolček

столица

váha

вага

kúpací plášť

огртач

gumové rukavice

рукавице за чишћење

tampón

тампон

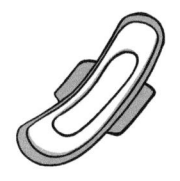

menštruačná vložka

уложак

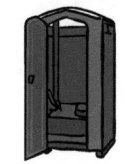

chemické WC

хемијски тоалет

detská izba
дечија соба

budík
будилник
plyšová hračka
плишана играчка
hračkárske auto
ауто играчка
hrkálka
звечка
domček pre bábiky
кућица за лутке
dar
поклон

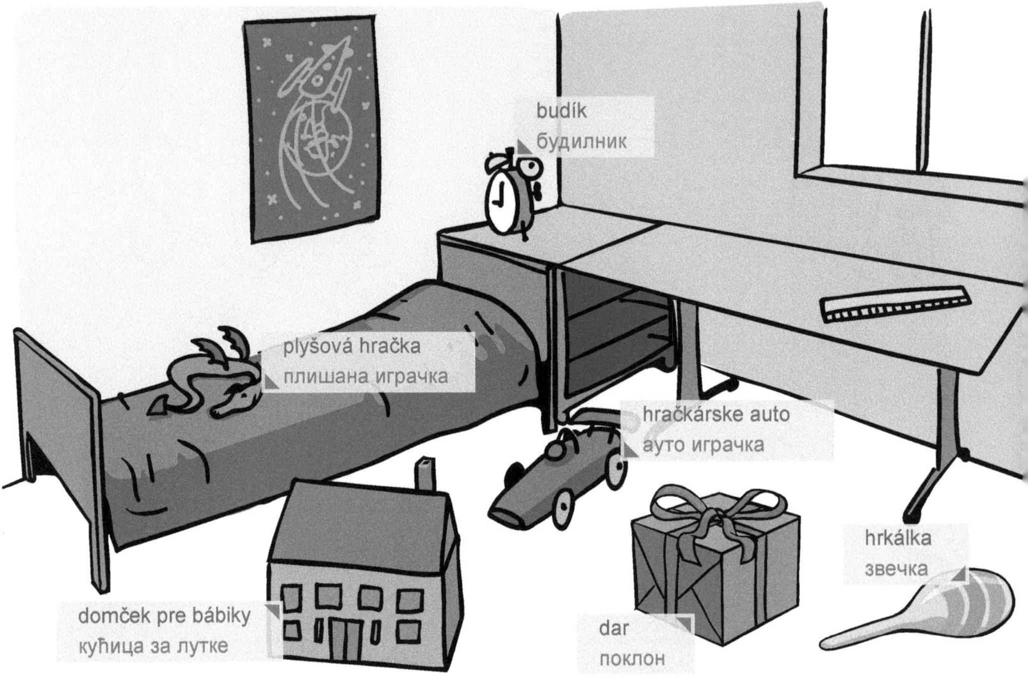

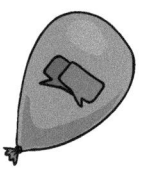

balón

балон

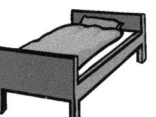

posteľ

кревет

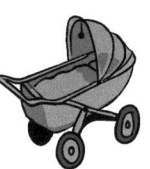

detský kočík

дјечија колица

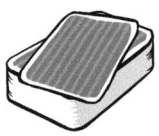

karty

игра са картама

puzzle

слагалица

SUPER MEGA

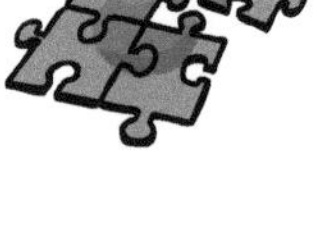

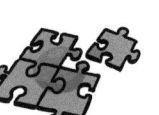

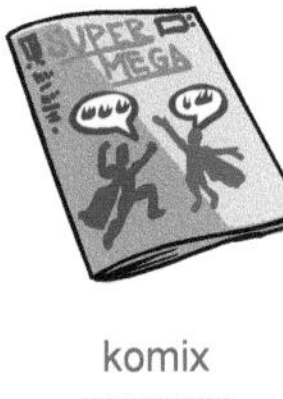

komix

стрип

skladačka lego

лего коцкице

stavebnica

коцкице за слагање

akčná postavička

акциони јунак

dupačky

бенкица за бебе

lietajúci tanier

фризби

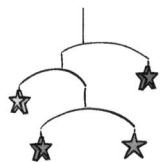

závesné hračky

висеће играчке

stolová hra

друштвене игре

kocka

коцка

modelový vláčik

минијатурна жељезница

cumlík

дуда

párty

забава

obrázková kniha

сликовница

lopta

лопта

bábika

лутка

hrať sa

играти

pieskovisko

пешчаник

hojdačka

љуљачка

hračky

играчка

hracia konzola

конзола за игре

trojkolka

трицикл

medvedík

теди

šatník

ормар

šatstvo
одећа

ponožky

кратке чарапе

pančuchy

чарапе

pančuchové nohavičky

хулахопке

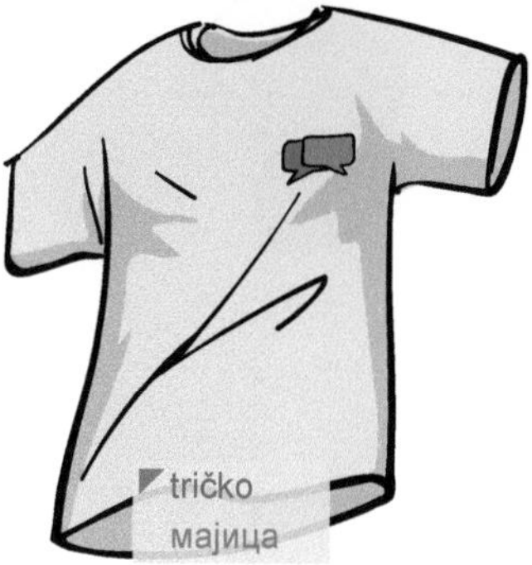

šál
шал

opasok
каиш

dáždnik
кишобран

tričko
мајица

tenisky
патике

čižmy
чизме

papuče
папуче

sandále
....
сандале

topánky
....
ципеле

gumáky
....
гумене чизме

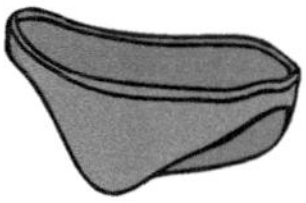

spodky
....
гаћице

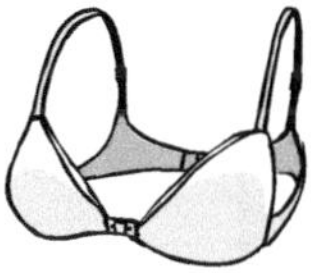

podprsenka
....
грудњак

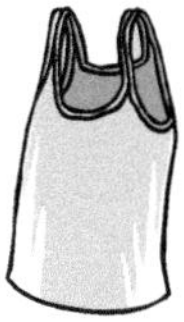

tielko
....
поткошуља

body

боди

nohavice

панталоне

džínsy

фармерке

sukňa

сукња

blúzka

блуза

košeľa

кошуља

pulóver

џемпер

sveter

џемпер с капуљачом

blejzer

сако

bunda

јакна

kabát

мантил

pršiplášť

кабаница

kostým

костим

šaty

хаљина

svadobné šaty

венчаница

oblek
одело

nočná košeľa
спаваћица

pyžamo
пиџама

sari
сари

šatka na hlavu
марама за главу

turban
турбан

burka
бурка

kaftan
кафтан

abaja
абаја

dvojdielne plavky
купаћи костим

plavky
купаће гаћице

šortky
кратке панталоне

tepláková súprava
одећа за тренинг

zástera
кецеља

rukavice
рукавице

gombík

дугме

okuliare

наочаре

náramok

наруквица

retiazka

огрлица

prsteň

прстен

náušnica

наушница

čiapka

капа

vešiak

вешалица

klobúk

шешир

kravata

кравата

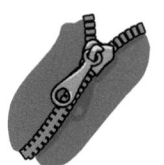

zips

патент затварач

prilba

кацига

traky

нараменице

školská uniforma

школска униформа

uniforma

униформа

podbradník
подбрадак

cumlík
дуда

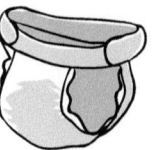

plienka
пелена

kancelária
канцеларија

papier
папир

skriňa na spisy
ормар за списе

tlačiareň
штампач

server
сервер

monitor
монитор

myš
миш

písací stôl
писаћи сто

zakladač
мапа

klávesnica
тастатура

kôš na papier
кошара за папир

počítač
компјутер

stolička
столица

hrnček na kávu
шалица за каву

kalkulačka
калкулатор

internet
интернет

laptop

лаптоп

list

писмо

správa

порука

mobil

мобилни телефон

sieť

мрежа

kopírka

уређај за копирање

softvér

софтвер

telefón

телефон

elektrická zásuvka

утичница

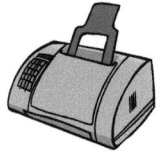

fax

факс

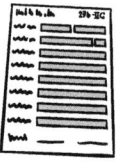

formulár

формулар

doklad

документ

kúpiť

куповати

platiť

платити

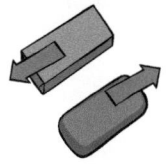

obchodovať

трговати

peniaze

новац

dolár

долар

euro

евро

jen

јен

rubeľ

рубља

švajčiarsky frank

швајцарски франак

čínsky jüan

ренминдби јуан

rupia

рупија

bankomat

аутомат за новац

zmenáreň

мењачница

zlato

злато

striebro

сребро

ropa

нафта

energia

енергија

cena

цена

zmluva

уговор

daň

порез

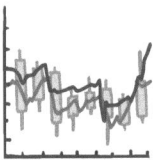

akcia

деонице

pracovať

радити

zamestnanec

службеник

zamestnávateľ

послодавац

továreň

фабрика

obchod

продавница

povolania
занимања

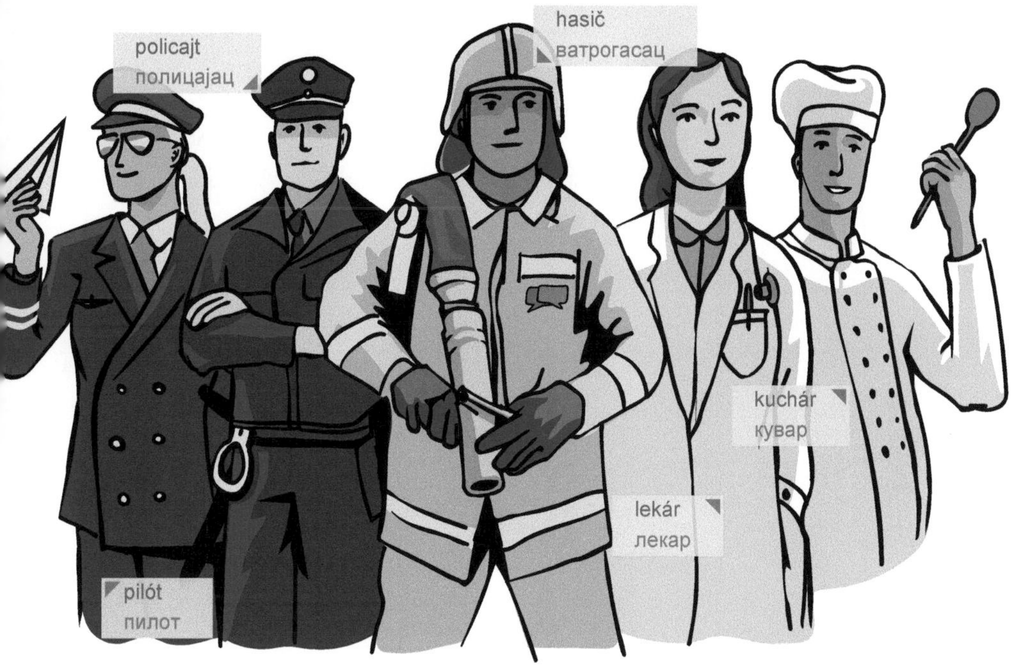
policajt
полицајац
hasič
ватрогасац
kuchár
кувар
lekár
лекар
pilót
пилот

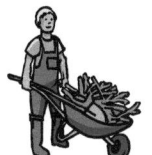

záhradník

вртлар

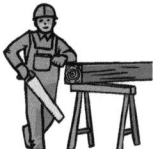

stolár

столар

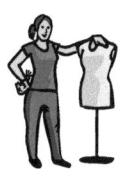

krajčírka

кројачица

sudca

судија

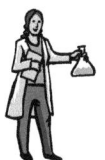

chemik

хемичар

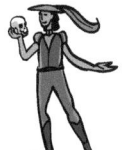

herec

глумац

vodič autobusu

возач аутобуса

taxikár

возач таксија

rybár

рибар

upratovačka

чистачица

pokrývač

кровопокривач

čašník

конобар

poľovník

ловац

maliar

сликар

pekár

пекар

elektrikár

електричар

stavebný robotník

грађевински радник

inžinier

инжењер

mäsiar

месар

klampiar

лимар

poštár

поштар

vojak

војник

architekt

архитекта

pokladník

благајник

kvetinár

цвећар

kaderník

фризер

sprievodca

кондуктер

mechanik

механичар

kapitán

капетан

zubár

зубар

vedec

научник

rabín

раби

imám

имам

mních

монах

farár

свећеник

náradie

алати

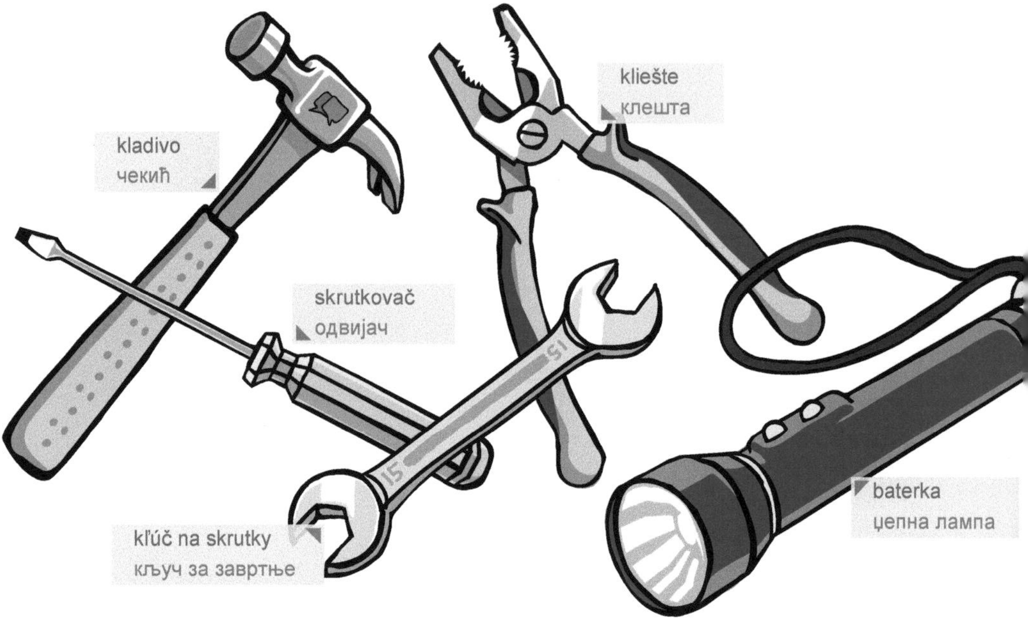
kladivo
чекић
kliešte
клешта
skrutkovač
одвијач
kľúč na skrutky
кључ за завртње
baterka
џепна лампа

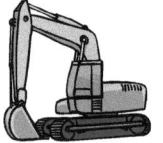

bager

багер

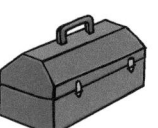

súprava náradia

кутија за алат

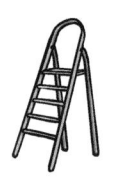

rebrík

мердевине

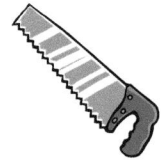

pílka

пила

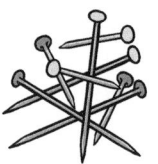

klince

ексер

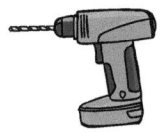

vrták

бушилица

opravit'

поправити

lopata

лопата

Do čerta!

до ђавола!

lopatka na smeti

лопатица

nádoba s farbou

лонац за боју

skrutky

завртањи

hudobné nástroje
музички инструмент

reproduktor
звучник

bicie
бубњеви

kontrabas
контрабас

trúbka
труба

gitara
гитара

klavír

клавир

husle

виолина

basa

бас

tympany

тимпани

bubon

удараљке за бубњеве

klávesnica

типке клавира

saxofón

саксофон

flauta

флаута

mikrofón

микрофон

ZOO

зоолошки врт

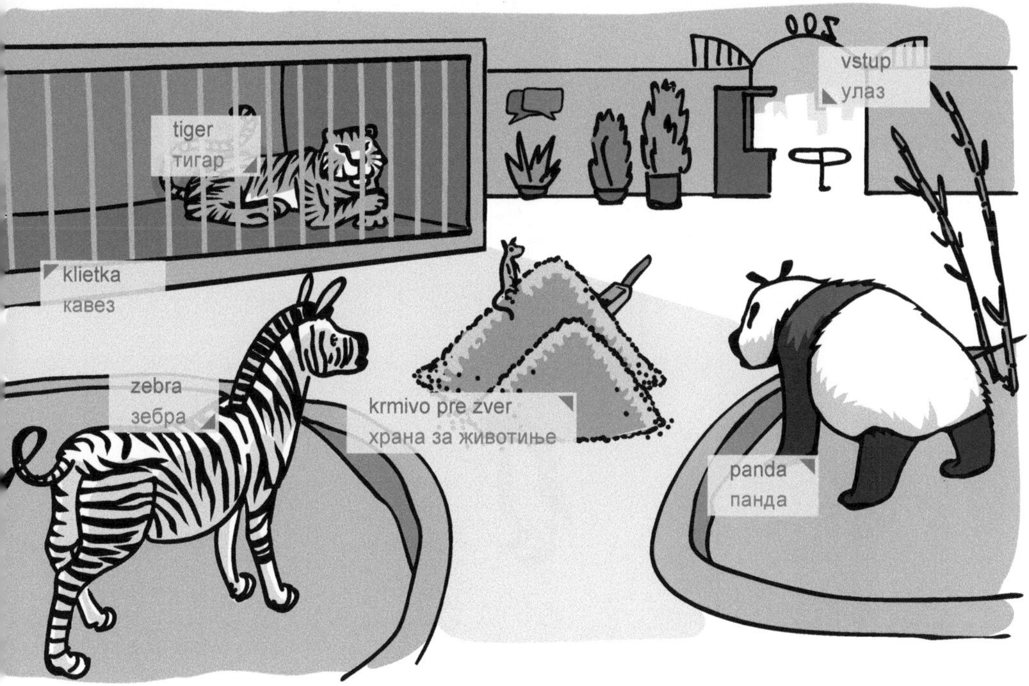
vstup
улаз
tiger
тигар
klietka
кавез
zebra
зебра
krmivo pre zver
храна за животиње
panda
панда

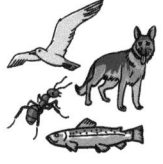

zvieratá

животиње

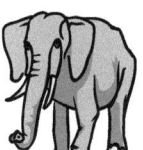

slon

слон

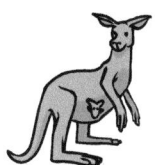

klokan

кенгур

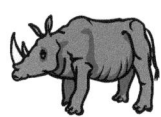

nosorožec

носорог

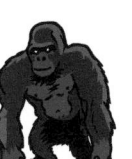

gorila

горила

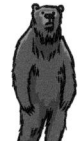

medveď

медвед

ťava

камила

pštros

нoj

lev

лав

opica

мajмун

plameniak

фламинго

papagáj

папагај

ľadový medveď

поларни медвед

tučniak

пингвин

žralok

ajкула

páv

паун

had

змија

krokodíl

крокодил

ošetrovateľ v ZOO

чувар у зоолошком врту

tuleň

туљан

jaguár

јагуар

poník

пони

leopard

леопард

hroch

нилски коњ

žirafa

жирафа

orol

орао

diviak

дивља свиња

ryba

риба

korytnačka

корњача

mrož

морж

líška

лисица

gazela

газела

ZOO - зоолошки врт   61

americký futbal
амерички ногомет

cyklistika
бициклизам

tenis
тенис

basketbal
кошарка

plávanie
пливање

box
бокс

hokej
хокеј на леду

futbal

фудбал

bedminton

бадминтон

ľahká atletika

атлетика

hádzaná

рукомет

lyžovanie

скијање

pólo

поло

skočiť
скочити

objať
загрлити

smiať sa
смејати се

chodiť
ићи

spievať
певати

snívať
сањати

modliť sa
молити се

pobozkať
пољубити

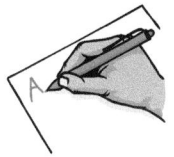

písať
писати

kresliť
цртати

ukázať
показати

tlačiť
гурати

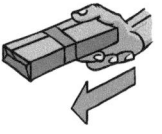

dať
дати

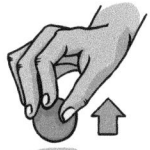

brať
узети

mať

имати

robiť

чинити

byť

бити

stáť

стојати

bežať

трчати

ťahať

повлачити

hádzať

бацити

padnúť

падати

ležať

лежати

čakať

чекати

nosiť

носити

sedieť

седити

obliecť sa

облачити

spať

спавати

zobudiť sa

пробудити се

pozerať

гледати

plakať

плакати

hladkať

миловати

česať

чешљати

hovoriť

говорити

rozumieť

разумети

pýtať sa

питати

počuť

слушати

piť

пити

jesť

јести

upratať

поспремити

milovať

волети

variť

кухати

jazdiť

возити

letieť

летети

plachtiť
....
пловити

počítať
....
рачунати

čítať
....
читати

učiť sa
....
учити

pracovať
....
радити

oženiť
....
венчати се

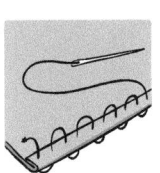

šiť
....
шити

čistiť zuby
....
прати зубе

zabiť
....
убити

fajčiť
....
пушити

poslať
....
послати

stará mama
бака

starý otec
деда

otec
отац

mama
мајка

bábo
беба

dcéra
ќерка

syn
син

hosť

гост

teta

тетка

strýko

ујак, стриц

brat

брат

sestra

сестра

telo

тело

čelo
чело
oko
око
plece
раме
prst
прст
tvár
лице
brada
брада
ruka
рука
hruď
груди
noha
нога
rameno
рука

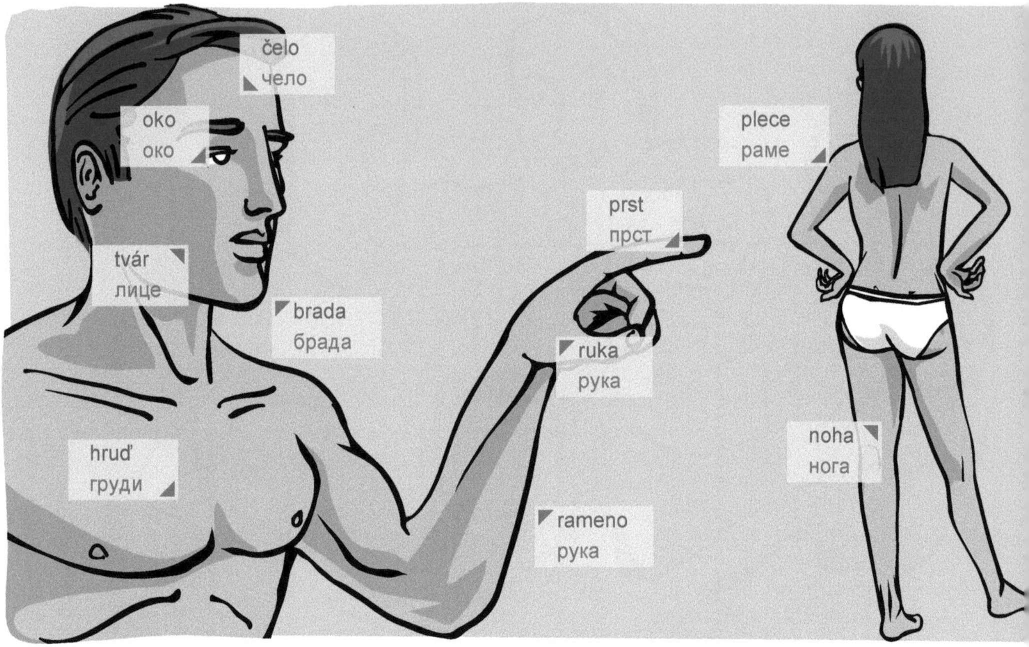

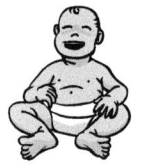

bábo

беба

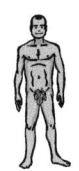

muž

мушкарац

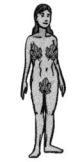

žena

жена

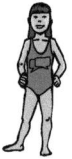

dievča

девојчица

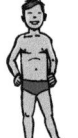

chlapec

дечак

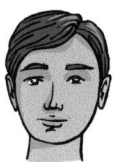

hlava

глава

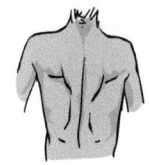

chrbát

леђа

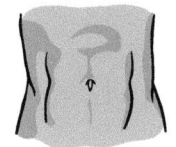

brucho

стомак

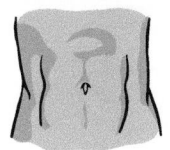

pupok

пупак

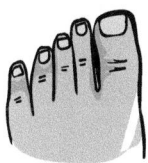

prst na nohe

ножни прст

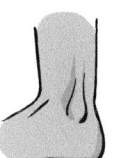

päta

пета

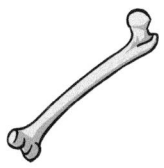

kosť

кост

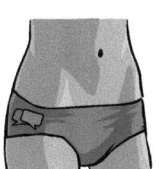

bok

кукови

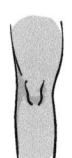

koleno

колено

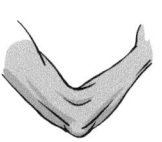

lakeť

лакат

nos

нос

zadok

задњица

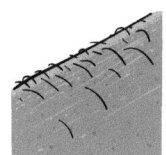

koža

кожа

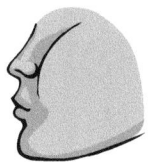

líce

образ

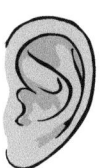

ucho

уво

pery

усна

ústa
уста

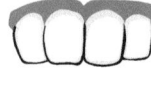

zub
зуб

jazyk
језик

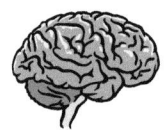

mozog
мозак

srdce
срце

svaly
мишић

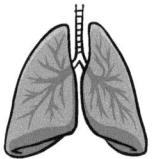

pľúca
плућа

pečeň
јетра

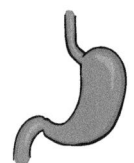

žalúdok
желудац

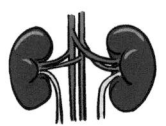

obličky
бубрези

pohlavný styk
полни однос

kondóm
кондом

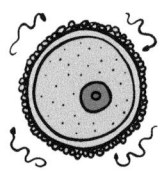

vaječná bunka
јајна ћелија

semeno
сперма

tehotenstvo
трудноћа

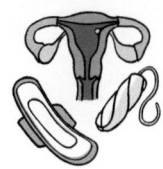

menštruácia

менструација

vagína

вагина

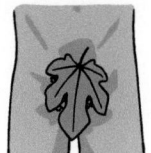

penis

пенис

obočie

обрва

vlasy

коса

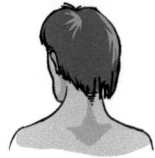

krk

врат

nemocnica
болница

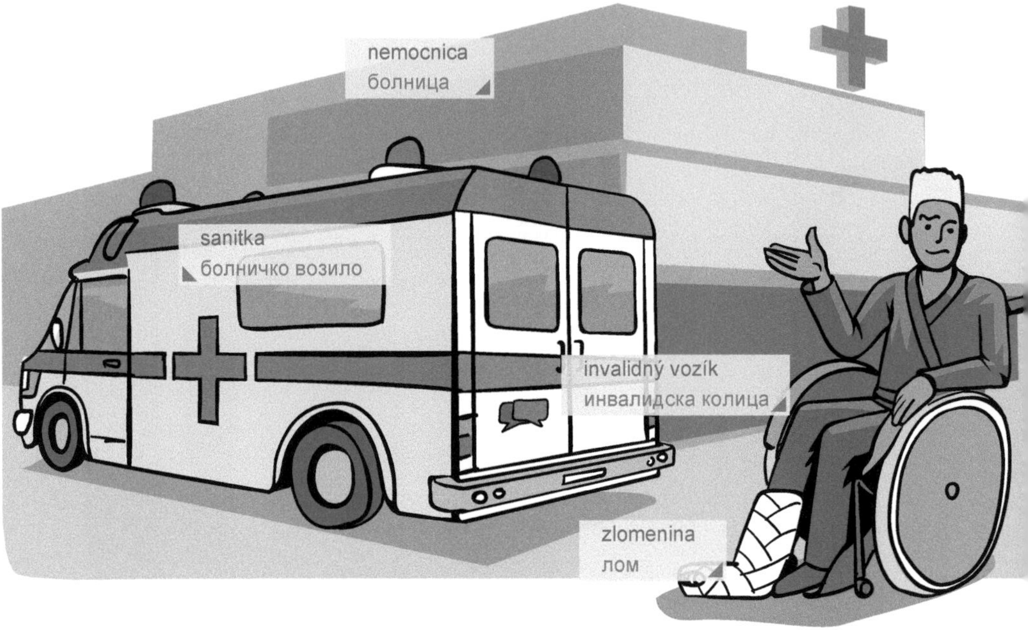

nemocnica
болница
sanitka
болничко возило
invalidný vozík
инвалидска колица
zlomenina
лом

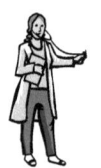

lekár

лекар

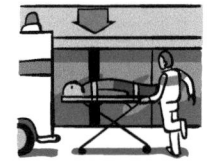

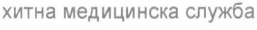

urgentný príjem

хитна медицинска служба

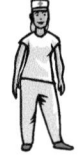

sestrička

медицинска сестра

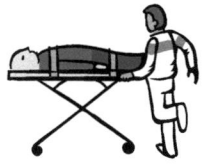

urgentný prípad

хитни случај

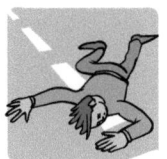

v bezvedomí

несвест

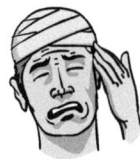

bolesť

бол

zranenie

повреда

krvácanie

крварење

srdcový infarkt

срчани удар

mozgová porážka

удар

alergia

алергија

kašeľ

кашаљ

teplota

грозница

chrípka

грипа

hnačka

пролив

bolesť hlavy

главобоља

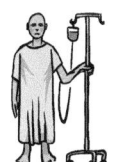

rakovina

рак

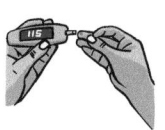

cukrovka

дијабетес

chirurg

хирург

skalpel

скалпел

operácia

операција

CT
цт

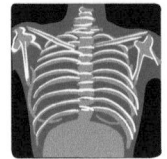

RTG
рентген

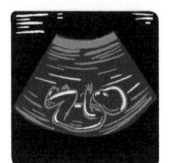

ultrazvuk
ултразвук

maska
маска

choroba
болест

čakáreň
чекаона

barla
штака

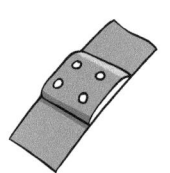

náplasť
фластер

obväz
завој

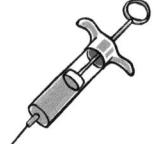

injekcia
инјекција

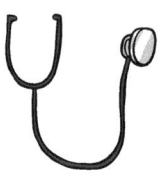

fonendoskop
стетоскоп

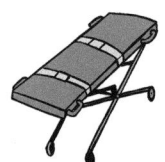

nosidlá
носила

teplomer
термометар

pôrod
рођење

nadváha
прекомерна тежина

audiofón

слушни апарат

dezinfekčný prostriedok

средство за дезинфекцију

infekcia

инфекција

vírus

вирус

HIV / AIDS

хив / аидс

medicína

медицина

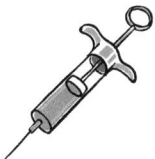

očkovanie

вакцинација

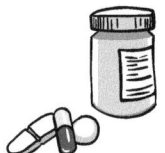

tabletky

таблете

antikoncepčná pilulka

пилула

tiesňové volanie

хитни позив

tlakomer

уређај за мерење
притиска

chorý / zdravý

болесно / здраво

Pomoc!

помоћ!

alarm

аларм

prepad

насртај

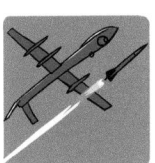

útok

напад

nebezpečenstvo

опасност

núdzový východ

излаз у случају нужде

Horí!

пожар!

hasičský prístroj

противпожарни апарат

nehoda

незгода

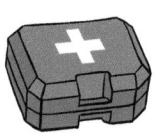

kufrík prvej pomoci

кутија прве помоћи

SOS

сос

polícia

полиција

Európa

Европа

Severná Amerika

Северна Америка

Južná Amerika

Јужна Америка

Afrika

Африка

Ázia

Азија

Austrália

Аустралија

Atlantický oceán

Атлантик

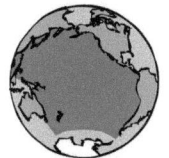

Tichý oceán

Пацифик

Indický oceán

Индијски океан

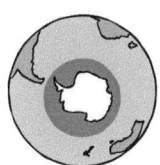

Južný oceán

Антарктички океан

Severný ľadový oceán

Арктички океан

Severný pól

Северни рол

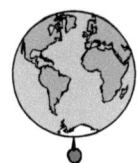

Južný pól

Јужни рол

Antarktída

Антарктик

Zem

земља

krajina

земља

more

море

ostrov

оток

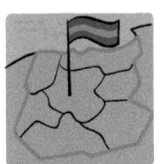

národ

нација

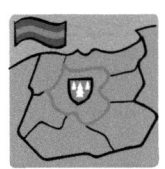

štát

држава

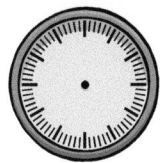

ciferník

бројчаник сата

hodinová ručička

сатна казаљка

minútová ručička

минутна казаљка

sekundová ručička

секундна казаљка

Koľko je hodín?

Колико је сати?

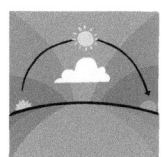

deň

дан

čas

време

teraz

сада

digitálne hodiny

дигитални сат

minúta

минута

hodina

час

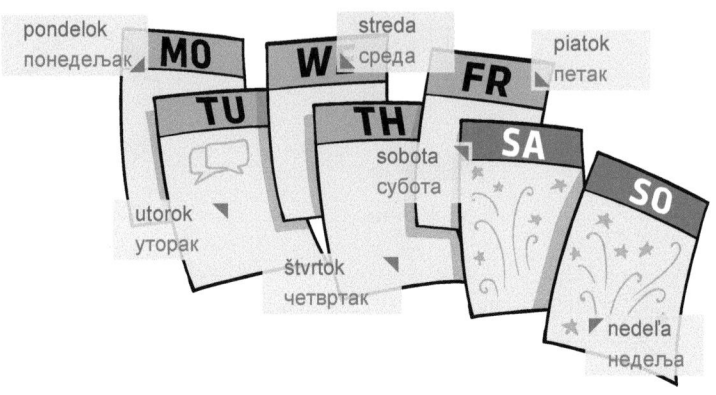

pondelok
понедељак
MO

streda
среда
W

piatok
петак
FR

TU

TH

sobota
субота

SA

SO

utorok
уторак

štvrtok
четвртак

nedeľa
недеља

včera
jyче

dnes
данас

zajtra
сутра

ráno
jyтро

poludnie
подне

večer
вече

MO	TU	WE	TH	FR	SA	SU
1	2	3	4	5	6	7
8	9	10	11	12	13	14
15	16	17	18	19	20	21
22	23	24	25	26	27	28
29	30	31	1	2	3	4

pracovné dni
радни дани

MO	TU	WE	TH	FR	SA	SU
1	2	3	4	5	6	7
8	9	10	11	12	13	14
15	16	17	18	19	20	21
22	23	24	25	26	27	28
29	30	31	1	2	3	4

víkend
викенд

rok

година

dážď
киша
dúha
дуга
vietor
ветар
sneh
снег
jar
пролеће
leto
лето
jeseň
јесен
zima
зима

4.APRIL 11°
5.APRIL 4°
6.APRIL 13°
7.APRIL 8°
8.APRIL 10°

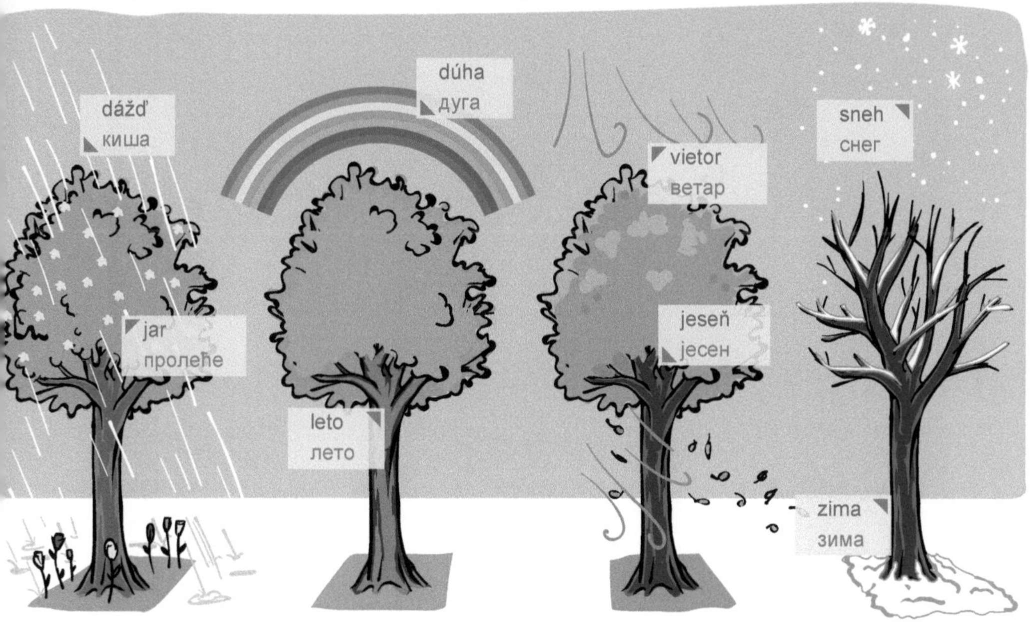

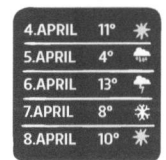

predpoveď počasia

метеоролошка прогноза

F C
120 40
90 30
60 20
30 10
0 0
-30 -10
-20

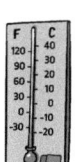

teplomer

термометар

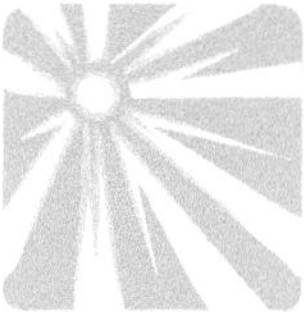

slnečný svit

сунчана светлост

oblak

облак

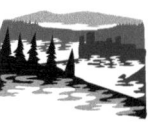

hmla

магла

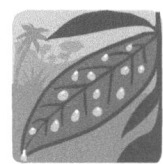

vlhkosť vzduchu

влажност ваздуха

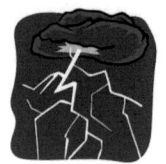

blesk

муња

hrom

грмљавина

búrka

олуја

krúpy

туча

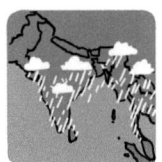

monzún

монсун

záplava

поплава

ľad

лед

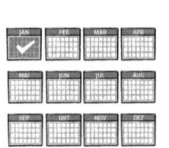

január

јануар

február

фебруар

marec

март

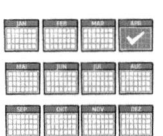

apríl

април

máj

мај

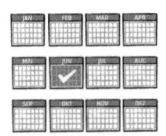

jún

јуни

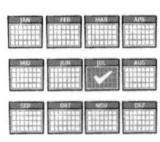

júl

јули

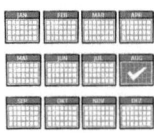

august

август

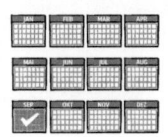

september
....
септембар

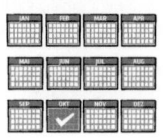

október
....
октобар

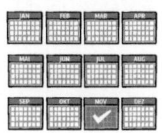

november
....
новембар

december
....
децембар

tvary
облици

kruh
....
круг

štvorec
....
квадрат

obdĺžnik
....
правоугао

trojuholník
....
троугао

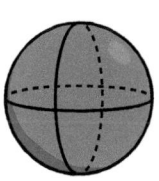

guľa
....
кугла

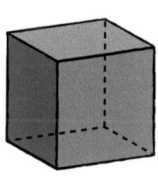

kocka
....
коцка

biela

бела

žltá

жута

oranžová

наранџаста

ružová

ружичаста

červená

црвена

fialová

љубичаста

modrá

плава

zelená

зелена

hnedá

смеђа

šedá

сива

čierna

црна

veľa / málo

много / мало

zúrivý / pokojný

љутито / мирно

pekný / škaredý

лепо / ружно

začiatok / koniec

почетак / крај

veľký / malý

велико / малено

svetlý / tmavý

светло / тамно

brat / sestra

брат / сестра

čistý / špinavý

чисто / прљаво

úplný / neúplný

потпуно / непотпуно

deň / noc

дан / ноћ

mŕtvy / živý

мртво / живо

široký / úzky

широко / уско

chutný / nechutný

jestivo / nejestivo

zlostný / láskavý

зло / добро

vzrušený / unudený

узбуђено / досадно

tlstý / chudý

дебело / мршаво

prvý / posledný

на почетку / на крају

priateľ / nepriateľ

пријатељ / непријатељ

plný / prázdny

пуно / празно

tvrdý / mäkký

тврдо / мекано

ťažký / ľahký

тешко / лагано

hlad / smäd

глад / жеђ

chorý / zdravý

болесно / здраво

nelegálny / legálny

илегално / легално

inteligentný / hlúpy

паметно / глупо

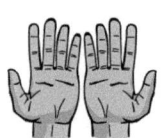

vľavo / vpravo

лево / десно

blízko / ďaleko

близу / далеко

nový / použitý

ново / половно

nič / niečo

ништа / нешто

starý / mladý

старо / младо

zapnuté / vypnuté

укључено / исклучено

otvorené / zatvorené

отворено / затворено

tichý / hlasný

тихо / гласно

bohatý / chudobný

богато / сиромашно

správne / nesprávne

тачно / погрешно

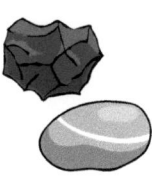

drsný / hladký

храпаво / глатко

smutný / šťastný

тужно / сретно

krátky / dlhý

кратко / дуго

pomaly / rýchlo

полако / брзо

mokrý / suchý

мокро / сухо

teplý / studený

топло / хладно

vojna / mier

рат / мир

0

nula

нула

1

jeden

један

2

dva

два

3

tri

три

4

štyri

четири

5

päť

пет

6

šesť

шест

7

sedem

седам

8

osem

осам

9

deväť

девет

10

desať

десет

11

jedenásť

једанаест

12

dvanásť

дванаест

13

trinásť

тринаест

14

štrnásť

четрнаест

15

pätnásť

петнаест

16

šestnásť

шестнаест

17

sedemnásť

седамнаест

18

osemnásť

осамнаест

19

devätnásť

деветнаест

20

dvadsať

двадесет

100

sto

стотину

1.000

tisíc

хиљаду

1.000.000

milión

милион

angličtina

енглески

americká angličtina

амерички енглески

mandarínska čínština

мандарински кинески

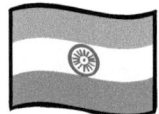

hindčina

хиндски

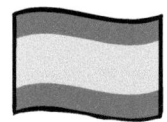

španielčina

шпански

francúzština

француски

arabčina

арапски

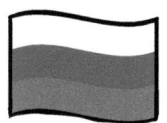

ruština

руски

portugalčina

португалски

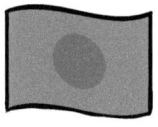

bengálčina

бенгалски

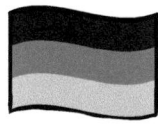

nemčina

немачки

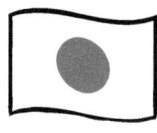

japončina

јапански

ja
ja

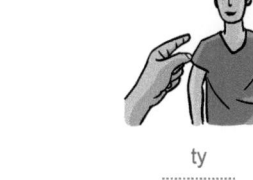

ty
ти

on/ona/ono
он / она / оно

my
ми

vy
ви

oni
они

kto?
Ко?

čo?
Шта?

ako?
Како?

kde?
Где?

kedy?
Када?

meno
име

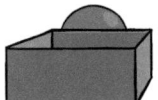

za
....
иза

v
....
у

pred
....
испред

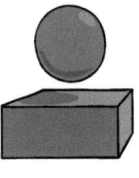

nad
....
преко

na
....
на

pod
....
испод

vedľa
....
поред

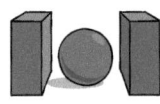

medzi
....
између

miesto
....
место